CCSS — **Género** Biografía

Y0-BGW-874

¿? Pregunta esencial
¿Cómo ser creativo al resolver un problema?

El asombroso Benjamin Franklin

Victoria St John

Introducción	2
Capítulo 1 La búsqueda de soluciones	4
Capítulo 2 El invento más importante de Ben Franklin	9
Capítulo 3 Una vida de ideas	12
Respuesta a la lectura	15
LECTURA COMPLEMENTARIA Beulah Henry: Inventora	16
Glosario/Índice	19
STEM Enfoque: Ciencias	20

DISTRICT 21 BILINGUAL / ESL PROGRAM

Introducción

¿Alguna vez deseaste poder nadar como un pez? Eso es lo que deseaba Ben Franklin a los 11 años. Se ató un par de paletas de madera a los brazos. Parecían las aletas de un pez. En otra oportunidad, Ben se ató a un papalote. Quería que lo llevara por una laguna como si fuera una vela.

Es posible que conozcas a Benjamin Franklin como uno de los fundadores de Estados Unidos. Pero Franklin también era científico e inventor.

Benjamin Franklin (centro) ayudó a escribir la Declaración de Independencia.

Un padre fundador

Ben Franklin no solo era un gran inventor, sino que también firmó la Declaración de Independencia y la Constitución de Estados Unidos. Su imagen aparece en el billete de $100.

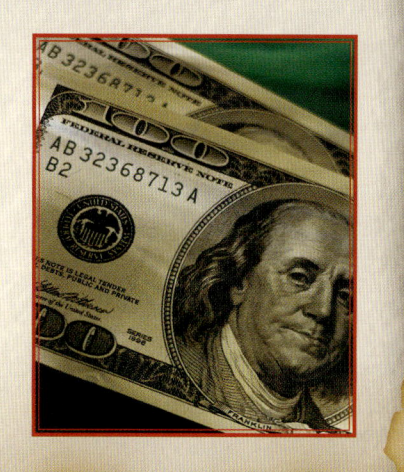

Toda su vida, Ben Franklin tuvo una mente inquisitiva. Era curioso y siempre quería aprender cosas nuevas. Cuando había un problema, Ben quería encontrar una solución.

Ben Franklin inventó herramientas. Encontró soluciones para muchos problemas diferentes, desde una manera de nadar más rápido a un nuevo tipo de anteojos.

Ben amaba leer. Inventó esta silla para biblioteca que se convertía en escalera.

CAPÍTULO 1
La búsqueda de soluciones

Benjamin Franklin nació el 17 de enero de 1706 en Boston, Massachusetts. Ben no tuvo la oportunidad de ir a la escuela durante mucho tiempo. A los 10 años, empezó a trabajar en la tienda de su padre.

Cuando Ben tenía 12 años, empezó a trabajar con su hermano James como **impresor**. Era un gran trabajo para Ben porque él disfrutaba de leer y escribir.

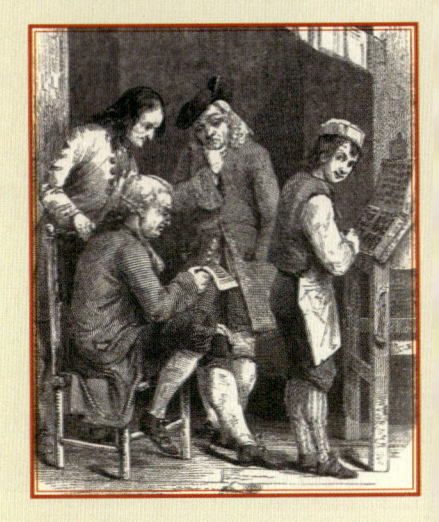

Mientras trabajaba en la imprenta, el joven Ben aprendía mucho.

Ben sabía que leer y escribir bien era importante. Quería mejorar su escritura. Examinaba en detalle la obra de escritores famosos. Luego, intentaba copiar su estilo.

Cuando Ben tenía 16 años, quería escribir en el periódico de su hermano. Sabía que James nunca publicaría algo que su hermano hubiera escrito. Entonces, decidió escribir bajo un nombre falso. Funcionó, y James publicó los artículos de Ben. Pero cuando James lo descubrió, se puso furioso.

Los hermanos nunca se llevaron bien después de eso. Cuando Ben tenía 17 años, se mudó a Filadelfia y consiguió trabajo en otra imprenta.

Ben trabajaba con una prensa como esta.

En Filadelfia, Ben abrió un negocio de impresión. Publicó sus propios periódicos. En esa época, no todos sabían leer bien. Ben quería que todos pudieran enterarse de las noticias. Usaba **viñetas** e imágenes simples en sus periódicos. Así, la gente que no sabía leer podía enterarse de lo que pasaba en el mundo.

En 1754, Estados Unidos aún no se había formado. Ben Franklin usó esta viñeta para decir a la gente que las distintas colonias debían unirse.

Ben pensaba que las personas siempre debían buscar el bien de los demás. A los 21 años, se animó y ayudó a formar un grupo para hacer de Filadelfia un lugar mejor donde vivir.

El grupo tenía 12 miembros. Se llamaba Junto. Ayudó a fundar un hospital, una biblioteca, una universidad y una compañía de seguros. Algunas de estas cosas fueron las primeras de su clase en EE. UU.

Library Hall fue construida en Filadelfia en el lugar donde estaba la primera biblioteca de Franklin. Todos los miembros ayudaron a comprar libros para la biblioteca.

Ben Franklin creó el primer **cuerpo de bomberos** en Filadelfia. En esa época, las casas eran de madera. Estaban muy juntas. El fuego era un enemigo. Podía destruir un vecindario entero.

Ben había visto cuerpos de bomberos en otras ciudades. Con un grupo de personas, creó la Union Fire Company. Compraron bombas, escaleras, cubos y equipos para combatir los incendios. La idea de Ben hizo que la ciudad fuera más segura.

En la época de Ben Franklin, la gente tenía que usar cubos con agua para apagar un incendio.

CAPÍTULO 2
El invento más importante de Ben Franklin

En 1748, el negocio de impresión de Ben era muy exitoso. Ya no necesitaba seguir trabajando. Eso le dio más tiempo para dedicarse a sus otros intereses.

Un amigo le había dado a Ben un tubo de vidrio que almacenaba electricidad estática. Esto es lo que se genera cuando se frota un globo contra la cabeza. El regalo alentó a Ben a aprender más sobre la electricidad. Eso llevaría a una de sus investigaciones más famosas.

¡La electricidad estática puede ponerte los pelos de punta!

Ben pasó muchos años investigando los rayos. Quería demostrar que eran electricidad.

Según cuenta una historia, en 1752, Ben remontó un papalote durante una tormenta. Ató una llave al extremo del cordel del papalote y ató un alambre a la llave. Luego, colocó el alambre en un tarro hecho para almacenar electricidad estática. La electricidad bajó por el cordel mojado hacia la llave y entró al tarro por el alambre. Chispas de electricidad bailaban en el tarro.

> **Detective del lenguaje**
> ¿Cuál es el predicado en la oración subrayada?

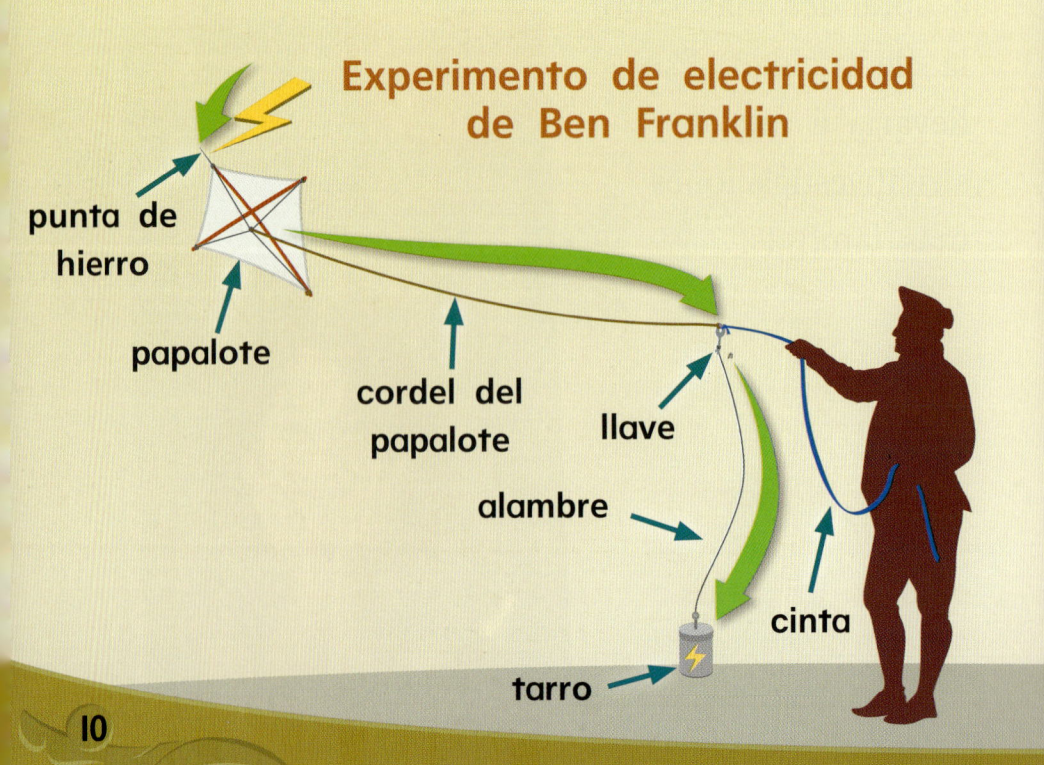

Experimento de electricidad de Ben Franklin

- punta de hierro
- papalote
- cordel del papalote
- llave
- alambre
- tarro
- cinta

Ben sabía que los rayos podían causar un incendio si caían sobre un edificio. Eso le dio la idea de diseñar un pararrayos.

Los pararrayos son barras de metal que se pueden ver en la parte superior de los edificios altos. Llevan los rayos de manera segura desde el aire hasta la tierra. Este invento aún se usa en la actualidad.

Los pararrayos ayudan a proteger los edificios contra los efectos de los rayos.

CAPÍTULO 3
Una vida de ideas

En toda su vida, Ben Franklin nunca dejó de aprender sobre el mundo. Tampoco dejó de pensar en nuevas maneras de resolver problemas.

A medida que envejecía, la vista de Ben empeoraba. Necesitaba un par de anteojos para leer y otro par de anteojos para ver las cosas que estaban lejos. Tenía que cambiar de anteojos todo el tiempo. <u>Ben quería encontrar una solución para este problema.</u>

Las mitades inferiores de estos lentes ayudan al usuario a ver desde cerca. Las mitades superiores lo ayudan a ver desde lejos.

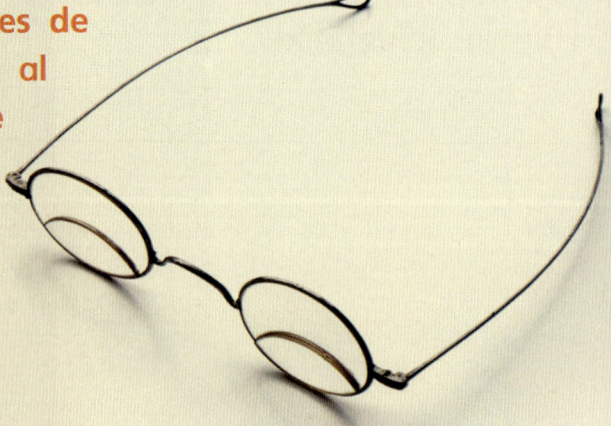

Detective del lenguaje

¿Cuál es el predicado en la oración subrayada?

Ben tomó los lentes de dos pares de anteojos diferentes y los cortó por la mitad. Luego, colocó las distintas mitades en un par de anteojos. Entonces, si estaba leyendo y quería mirar algo que estaba lejos, ya no necesitaba cambiar de anteojos.

Esta idea mejoró la calidad de vida de muchas personas. Incluso hoy en día, muchas personas usan este tipo de anteojos. Se llaman bifocales.

Compartir sus ideas

Ben Franklin siempre compartió sus ideas, por lo que nunca obtuvo dinero con sus inventos. Estos incluyen:

- un brazo extensible para alcanzar cosas de estantes altos;
- una silla que se convertía en escalera;
- una estufa de leña más segura;
- mejores farolas;
- un instrumento para medir la distancia.

Ben disfrutaba la música. Su invento favorito era este instrumento musical hecho de vidrio.

Ben Franklin trabajó toda su vida para ayudar a la gente. Aunque vivió hace más de 200 años, aún no hay sustitutos para algunos de sus inventos.

A Ben Franklin nunca se le acababan las ideas, y las usaba para resolver muchos problemas. Incluso en la actualidad, sus ingeniosos inventos siguen con nosotros.

Respuesta a la lectura

Resumir

Usa detalles de *El asombroso Benjamin Franklin* para resumir la selección. Usa el organizador gráfico como ayuda.

Causa → Efecto
→
→
→
→

Evidencia en el texto

1. ¿Cómo sabes que esta selección es una biografía? **Género**

2. ¿Por qué Ben fundó un cuerpo de bomberos? ¿Cuál fue el efecto? **Causa y efecto**

3. ¿Con qué se compara el fuego en la página 8? **Metáfora**

4. Describe el problema que resolvió con sus anteojos. **Escribir sobre la lectura**

15

CCSS **Género** Biografía

Compara los textos
Lee sobre cómo a una inventora se le ocurrieron muchas ideas nuevas.

Beulah Henry: Inventora

Beulah Henry tenía buenas ideas. ¡Inventó más de 100 cosas en su vida!

Beulah nació en Memphis, Tennessee, en 1887, cuando no había muchas mujeres inventoras. Pero eso no detuvo a Beulah. A los nueve años, inventó una manera para leer el periódico sin usar las manos. Desde entonces, no pudo dejar de buscar soluciones para los problemas.

Mientras estaba en la universidad, Beulah recibió su primera **patente** por inventar un congelador para helados. La patente indicaba que esa idea le pertenecía.

Muchos de los inventos de Beulah resolvían problemas cotidianos. Por ejemplo, para enviar la misma carta a muchas personas había que escribirla a máquina muchas veces. O usar un tipo de papel de copia. Beulah inventó una máquina de escribir que hacía muchas copias de una carta al mismo tiempo. También inventó un nuevo tipo de paraguas y muchos juguetes nuevos.

Beulah Henry muestra su máquina de escribir que hace varias copias a la vez.

Beulah tuvo una carrera larga y exitosa como inventora. Nunca se cansó de buscar soluciones para los problemas y de hacer que la vida de la gente fuera más fácil.

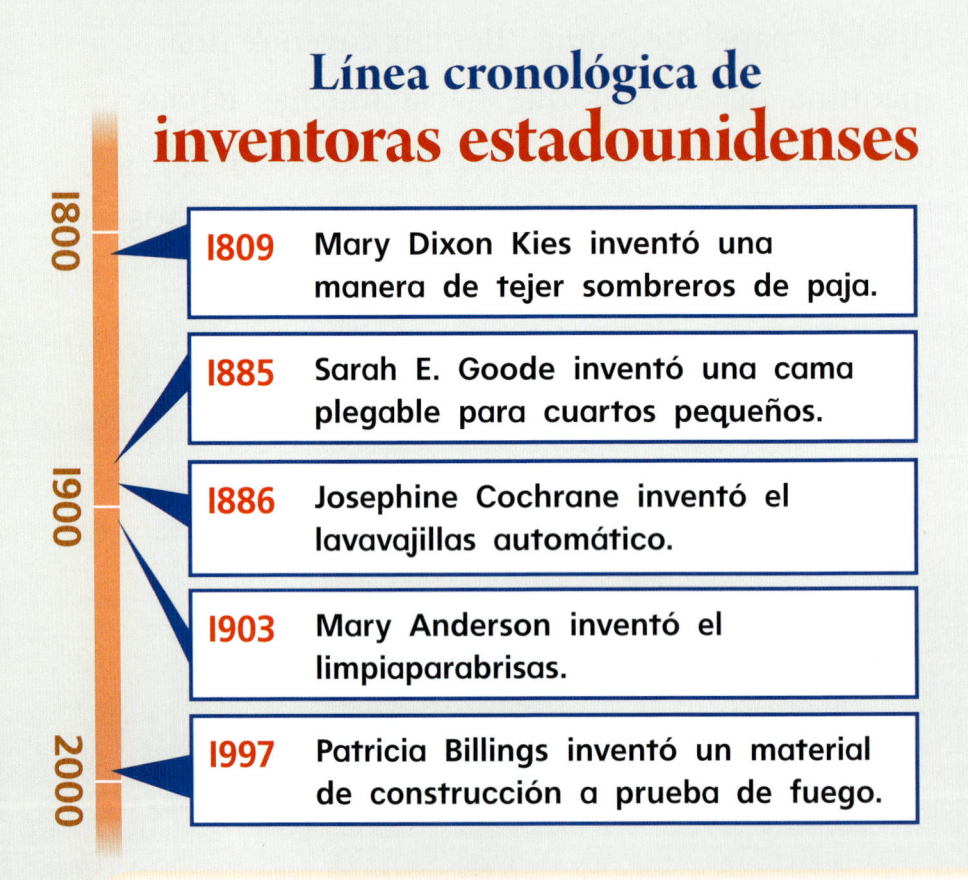

Línea cronológica de inventoras estadounidenses

Año	Invento
1809	Mary Dixon Kies inventó una manera de tejer sombreros de paja.
1885	Sarah E. Goode inventó una cama plegable para cuartos pequeños.
1886	Josephine Cochrane inventó el lavavajillas automático.
1903	Mary Anderson inventó el limpiaparabrisas.
1997	Patricia Billings inventó un material de construcción a prueba de fuego.

Haz conexiones

¿Qué nuevas ideas se le ocurrieron a Beulah para resolver problemas? **Pregunta esencial**

¿En qué se parecían Ben Franklin y Beulah Henry? **El texto y otros textos**

Glosario

cuerpo de bomberos equipo que combate incendios *(página 8)*

impresor persona que imprime y publica periódicos y libros; en la época de Ben Franklin, a menudo, los impresores también eran responsables de los contenidos *(página 4)*

patente documento que otorga a una persona o grupo derechos sobre un invento *(página 16)*

viñetas dibujos con leyendas que suelen ser divertidos *(página 6)*

Índice

anteojos bifocales, *12–13*
cuerpo de bomberos, *8*
electricidad, *9–11*
enseñanza, *4*
experimento del papalote, *10*

Filadelfia, *5–8*
imprenta, *4–5, 6, 9*
pararrayos, *11*
periódicos, *5–6*

Enfoque: Ciencias

Propósito Explorar y demostrar la electricidad estática

Paso a paso

Paso 1 Vuelve a leer la página 9.

Paso 2 Crea electricidad estática tú mismo inflando un globo y frotándolo contra tu cabeza o algo hecho de lana.

Paso 3 Apoya el globo contra una pared. Anota lo que ocurre.

Paso 4 Repite el experimento, pero trata de frotar el globo durante más tiempo.

Conclusión ¿Qué aprendiste sobre la electricidad estática? ¿Cómo afectó al globo?